LEÇONS
DE
GÉOGRAPHIE

PAR

E. BROUARD

Inspecteur primaire à Paris, membre du conseil départemental de la Seine,
Chevalier de la Légion d'honneur, officier de l'Université.

COURS ÉLÉMENTAIRE

LIVRET DE L'ÉLÈVE

POUVANT SERVIR EN MÊME TEMPS DE LIVRE DE LECTURE
DANS LES PETITES CLASSES

NOUVELLE ÉDITION

PARIS
LIBRAIRIE HACHETTE ET Cie
79, BOULEVARD SAINT-GERMAIN, 79

1877

LEÇONS
DE
GÉOGRAPHIE

COURS ÉLÉMENTAIRE

LIVRET DE L'ÉLÈVE

PARIS. — IMPRIMERIE DE E. MARTINET, RUE MIGNON, 2.

LEÇONS
DE
GÉOGRAPHIE

PAR

E. BROUARD

Inspecteur primaire à Paris, membre du conseil départemental de la Seine,
Chevalier de la Légion d'honneur, officier de l'Université.

COURS ÉLÉMENTAIRE

LIVRET DE L'ÉLÈVE

POUVANT SERVIR EN MÊME TEMPS DE LIVRE DE LECTURE
DANS LES PETITES CLASSES

PARIS
LIBRAIRIE HACHETTE ET Cie
79, BOULEVARD SAINT-GERMAIN, 79
1877

Tous droits réservés.

Ces nouvelles **Leçons de Géographie** se distinguent essentiellement des ouvrages du même genre.

Elles présentent l'avantage d'être des leçons toutes préparées et de fournir d'ailleurs un guide sûr pour l'application des meilleurs procédés d'enseignement géographique, soit à l'école, soit dans la famille.

Elles s'adaptent avec la plus grande facilité à tous les programmes, notamment à celui de la Seine, que l'auteur a pris pour base de son travail et qui a servi de type dans un si grand nombre de départements, quand il n'y a pas été adopté intégralement.

Enfin elles répondent, par leurs divisions mêmes, aux besoins de chacun des trois cours entre lesquels il est aujourd'hui de principe de répartir les élèves d'une école quelconque.

C'est à ces divers titres que ces **Leçons de Géographie** méritent particulièrement la confiance des directeurs et des directrices tant des écoles publiques que des institutions libres.

LEÇONS
DE
GÉOGRAPHIE

COURS ÉLÉMENTAIRE

MOIS D'OCTOBRE.

Préparation à l'étude de la géographie. — Ce qu'est une carte. — Tracer sur le tableau noir le plan de l'école, puis celui du quartier ou de la commune et y faire voyager les élèves à l'aide de la baguette. — Montrer sur la carte du département et de la France les signes conventionnels à l'aide desquels on représente les villes, les cours d'eau, les montagnes, etc.

PREMIÈRE LEÇON.

CE QUE C'EST QU'UN PLAN.

On peut, au moyen de lignes ou de traits, représenter les contours d'une salle et indiquer la place des objets qu'elle contient. L'image que l'on obtient ainsi est le *plan* de cette salle.

On nous a représenté par des lignes les murs de notre classe : celui qui est devant nous et celui qui est derrière, celui qui est à droite et celui qui est à gauche ; on a in-

ÉLÈVE.

diqué par des traits les tables où nous travaillons, par un petit carré le bureau de notre maître, par un demi-rond la niche du poêle, par un vide la place de la porte... On nous a fait, sur le tableau noir, le *plan* de notre classe.

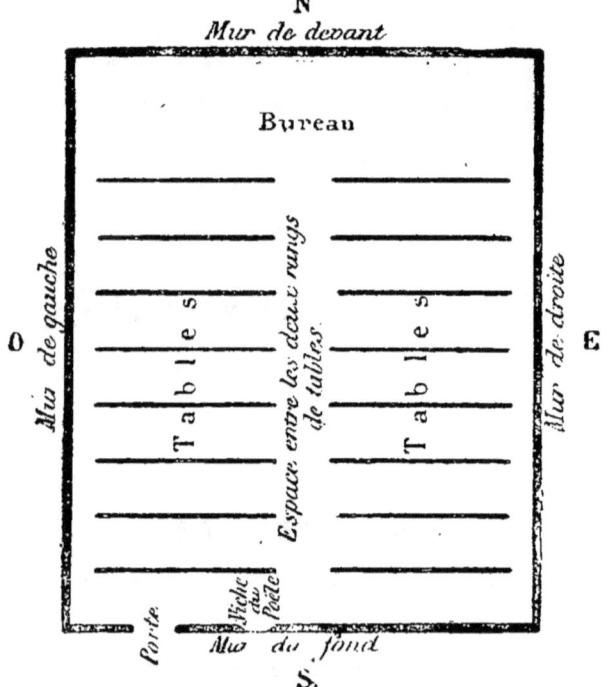

Plan de la classe.

DEUXIÈME LEÇON.

LES QUATRE POINTS CARDINAUX.

On peut représenter par des lignes ou traits, non-seulement une salle, mais encore les salles voisines, la maison tout entière avec ses dépendances, telles que la cour et le jardin : on a alors le *plan* de la maison et de ses dépendances. Mais, pour mettre tout bien à sa place, il faut connaître les *quatre points cardinaux* : le *nord*, le *sud*, l'*est* et l'*ouest*.

Le *nord* ou *septentrion* est le point vers lequel se tourne l'aiguille de la boussole et vers lequel aussi se trouve, dans

L'étoile polaire.

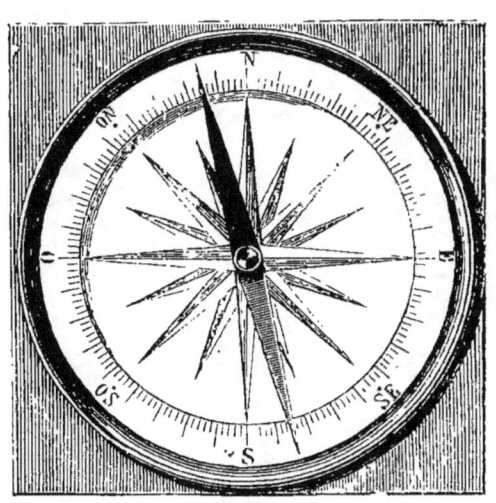

Boussole.

le ciel, une étoile qu'on appelle l'*étoile polaire*. Le *sud* ou *midi* est le point opposé au nord. L'*est*, l'*orient* ou le *levant* est le point où le soleil se lève ; l'*ouest* l'*occident* ou le *couchant*, celui où il se couche.

Lorsqu'on regarde le *nord*, on a le *sud* derrière soi, l'*est* à sa droite et l'*ouest* à sa gauche.

Le *nord* se marque par un grand N, le *sud* par un grand S, l'*est* par un grand E, et l'*ouest* par un grand O.

Chercher les quatre points cardinaux, l'est ou l'orient par conséquent, cela s'appelle *s'orienter*.

TROISIÈME LEÇON

LES POINTS INTERMÉDIAIRES. — LE PLAN DU QUARTIER OU DE LA COMMUNE. CE QUE C'EST QU'UNE CARTE.

Outre les points cardinaux, il y a des points *intermédiaires* au nombre de quatre aussi : le N. E., entre le N.

Rose des vents.

et l'E. ; le N. O., entre le N. et l'O. ; le S. E., entre le S. et l'E. ; enfin le S. O., entre le S. et l'O.

Quand on connaît les quatre points cardinaux et les points intermédiaires, on peut *orienter* un plan et le continuer aussi loin que le permet le tableau ou la feuille de papier sur lesquels on le trace. Après avoir trouvé le N., on figure en haut tout ce qui est de ce côté par rapport au point de départ; en bas, ce qui est à l'opposé, au S.; à droite, ce qui est à l'E.; à gauche, ce qui est à l'O.; au N. E., ce qui est entre le N. et l'E.; au N. O., ce qui est entre le N. et l'O.; au S. E., ce qui est entre le S. et

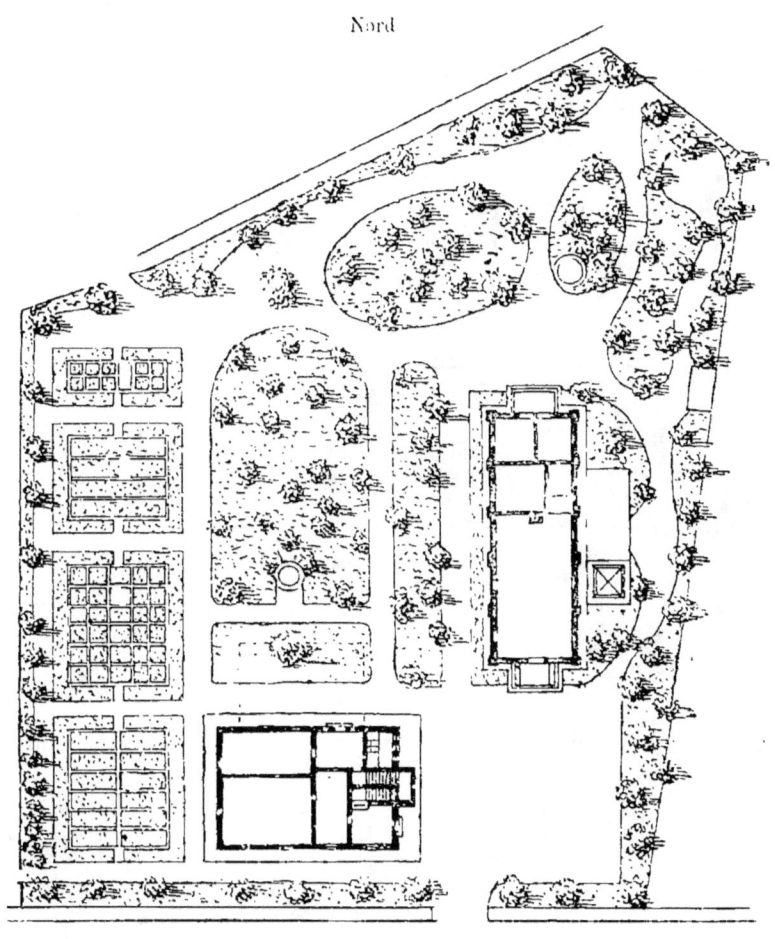

Plan d'une habitation.

l'E.; au S.-O., ce qui est entre le S. et l'O., etc. Par conséquent, sur un plan, il faut chercher le N. en haut, le S.

en bas, l'E. à droite et l'O. à gauche. En dirigeant ses regards ou une baguette vers le haut, on rencontrera ce qui est au N. du point de départ ; vers le bas, on trouvera ce qui est au S ; vers la droite, ce qui est à l'est ; vers la gauche, ce qui est à l'O.

Si au plan de la salle de classe et de la maison d'école on ajoute les rues, les maisons, les places voisines, on a le *plan du quartier*. Si on ajoute, en outre, les autres maisons, les autres places, les autres rues ou chemins, les champs, etc., qui forment une commune, on a le *plan de cette commune*.

On peut donc dire qu'un plan est la représentation, par des lignes et par des signes convenus, d'une salle, d'une maison, d'un quartier, d'une commune, etc.

Une carte (France).

Un plan qui représente une certaine étendue de pays

prend le nom de *carte*. Une *carte* est donc la représentation, par des lignes et par des signes convenus, d'un pays ou d'une certaine étendue de pays.

Sur une carte, comme sur un plan, le N. est en haut, le S. en bas, l'E. à droite, l'O. à gauche.

QUATRIÈME LEÇON.

MONTAGNES COURS D'EAU, EAUX DORMANTES.

Lac. — Vallée. — Montagnes et pentes.

La terre est bien loin d'être partout unie comme sur un *plan* ou dans une *plaine*. On y trouve des hauts et des bas, des *reliefs* et des *dépressions*. Les hauteurs prennent le nom de *tertre*, d'*éminence*, de *butte*, de *côte*, de *colline*, de *mont* ou de *montagne*, selon leur degré d'élévation. Une montagne a sa *base*, qui est sa partie la plus basse ; son *sommet*, qui est sa partie la plus élevée ; ses *pentes*, *flancs* ou *versants*, qui vont de la base au sommet. Au pied des collines ou des montagnes, ou bien entre les collines et les montagnes mêmes, il y a des abaissements, des dépressions du sol, qu'on appelle *vallées* ; une petite vallée est un *vallon*.

Sur les cartes, on représente les montagnes par une suite de traits rapprochés, qui indiquent le sens de leurs pentes.

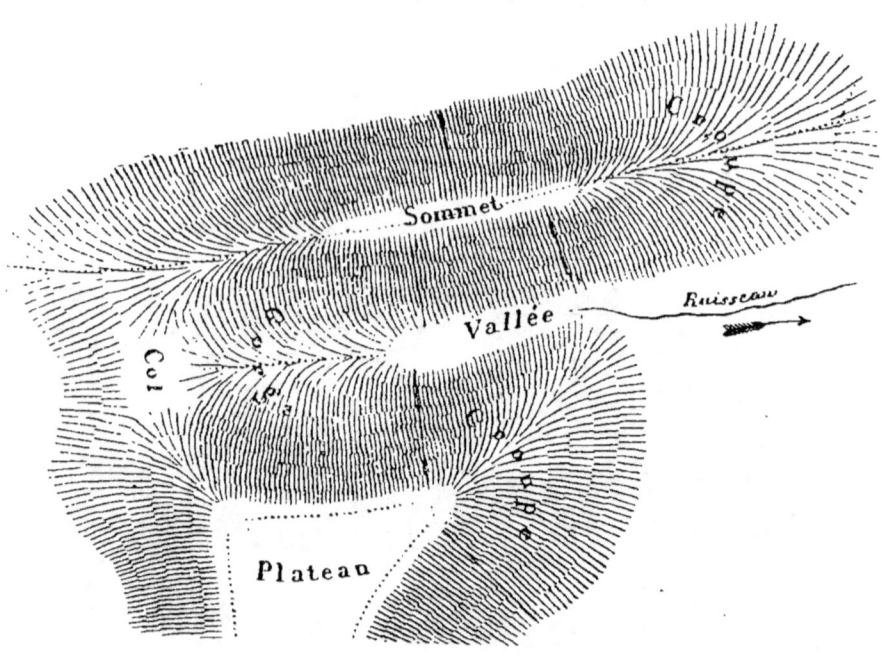

Manière de figurer les montagnes sur les cartes.

Il y a, en outre, sur la terre, des eaux qui *coulent*, des eaux *courantes*, des *cours d'eau*; des eaux qui ne coulent pas et qui semblent dormir, des eaux *dormantes*.

On représente les cours d'eau (*ruisseaux, rivières* ou *fleuves*) au moyen de lignes qui commencent par un délié et qui vont ensuite en grossissant à mesure qu'elles *serpentent* au travers des terres.

Les eaux dormantes prennent, selon leur étendue, les noms de *mare*, d'*étang*, de *lac* et enfin de *mer* et d'*océan*. On représente ces étendues d'eau par une ligne ombrée qui les enveloppe, en marquant leurs *bords, rivages* ou *côtes*.

On voit qu'en géographie on s'occupe de ce qui se trouve à la surface de la terre. C'est pour cela qu'on dit que la *géographie est la description de la surface de la terre.*

Étang de Berre.

MOIS DE NOVEMBRE.

Nomenclature géographique. — Montrer sur la carte du département et sur celle de la France les principaux accidents répondant aux termes de la nomenclature géographique : montagnes, chaîne de montagnes, plateau, vallée, lac, fleuve, rivière, cap, île, presqu'île, mer, golfe, détroit.

PREMIÈRE LEÇON.

ACCIDENTS GÉOGRAPHIQUES. MONTAGNES, VOLCANS, CAPS, ETC.

Chaîne de montagnes.

On entend par *accidents de terrain* les variations du sol, et par *accidents géographiques* les particularités qui se présentent à la surface de la terre, et dont s'occupe la géographie, tels que montagnes, fleuves, etc.

Un *mont* ou une *montagne* est une masse de terre ou de rochers qui s'élève au-dessus des terrains environnants : le mont Blanc, les montagnes de l'Auvergne, etc.

Une suite de montagnes ou de collines forme une *chaîne* de montagnes ou de collines : la haute chaîne des Pyrénées, la longue chaîne des Cévennes, les collines du Nivernais. Un assemblage de montagnes forme un *massif* : le massif des Alpes.

Une montagne prend quelquefois le nom de *puy* : le Puy de Sancy, le Puy de Dôme. Ce dernier s'appelle ainsi parce que son sommet est arrondi. On dit, pour le même motif, le *Ballon* d'Alsace, le *Ballon* de Guebwiller. Une

La chaîne des Puys.

montagne dont le sommet est, au contraire, très-aigu, re-

Le Vésuve et le golfe de Naples.

çoit le nom de *pic* : le Pic de Carlitte, le Pic du Midi.

Un *volcan* est une montagne qui vomit des matières enflammées. Le *Vésuve*, en Italie, est encore en *activité*; les volcans d'Auvergne sont *éteints*. On appelle *cratère* du volcan l'ouverture par laquelle s'échappent les matières enflammées.

Un abaissement plus ou moins profond, plus ou moins resserré entre deux montagnes ou deux chaînes de montagnes, prend le nom de *col* : le col de Naurouze, le col de Valdieu; de *défilé* : les défilés des Ardennes ; ou même de *gorge* : les Alpes sont remplies de gorges étroites.

Une plaine élevée est un *plateau* : le plateau Central, le plateau de la Beauce.

On appelle *cap*, *promontoire* ou *pointe*, un avancement

Cap.

par lequel une chaîne de montagnes se termine dans la mer : le cap de la Hève, la pointe Saint-Mathieu, etc.

LEÇONS DE GÉOGRAPHIE. 17

DEUXIÈME LEÇON.

LIGNE DE FAITE OU DE PARTAGE DES EAUX, BASSINS, FLEUVES
ET RIVIÈRES, AFFLUENTS ET CONFLUENTS, ETC.

Source du Loiret.

On appelle *ligne de faîte* ou de *partage des eaux* une chaîne de montagnes qui, comme le haut d'un toit, partage entre deux grands versants les eaux d'un pays : telle est, par exemple, en France, la chaîne des Cévennes avec ses prolongements.

Un *bassin* est l'ensemble des pentes et des vallées qui versent leurs eaux dans un même fleuve ou dans une même mer : le bassin de la Seine, le bassin de la Manche.

ÉLÈVE.   2

Le fond du val ou de la vallée où coule un cours d'eau est le *lit* même de ce cours d'eau : le lit de la Seine, le lit de la Loire.

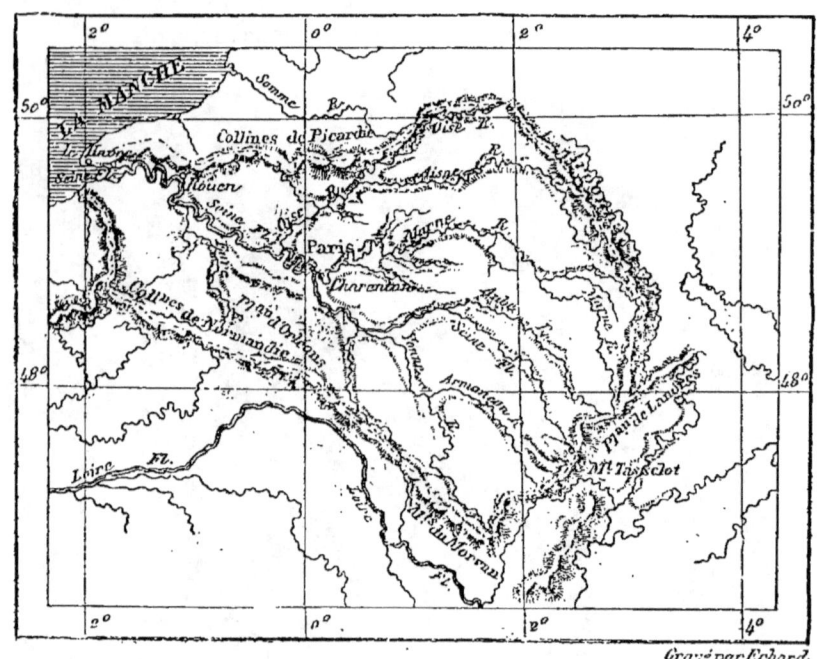

Bassin de la Seine.

L'endroit où commence un cours d'eau est sa *source;* celui où il finit est son *embouchure :* la Seine a sa source dans la Côte-d'Or, et son embouchure dans la Manche.

On appelle *fleuve* un cours d'eau qui se jette, qui a son *embouchure* dans la mer : la Seine, la Loire, la Garonne, le Rhône sont des fleuves.

On donne le nom de *rivière* à un cours d'eau qui se jette dans un autre cours d'eau, dans un fleuve, par exemple : l'Aube, l'Yonne, la Marne ne sont que des rivières.

Les cours d'eau qui se jettent dans un autre sont ses

affluents : l'Aube, l'Yonne, la Marne, sont des affluents de la Seine.

L'endroit où un cours d'eau en reçoit un autre prend le nom de *confluent* : Lyon est situé au confluent de la Saône et du Rhône; Charenton, au confluent de la Marne et de la Seine.

Descendre un fleuve ou une rivière, c'est suivre le cours de ses eaux, aller vers son embouchure. *Remonter* un fleuve ou une rivière, c'est faire le contraire, aller vers sa source.

Le *haut* ou la partie *supérieure* d'un cours d'eau est la partie située vers sa source; le *bas* ou la partie *inférieure* d'un cours d'eau est la partie située vers son embouchure.

La *rive droite* d'un cours d'eau est celle qui est à la droite d'une personne qui le descend; la *rive gauche* est celle que cette même personne a à sa gauche : Orléans est sur la rive droite et Tours sur la rive gauche de la Loire.

Un petit cours d'eau est un *ruisseau*. Un cours d'eau rapide et passager est un *torrent* : le torrent de Cédron dans la Palestine.

TROISIÈME LEÇON.

LA MER OU L'OCÉAN; CÔTES, GOLFES, BAIES, RADES, PORTS.

La *mer* ou l'*océan* est cette vaste étendue d'eau salée qui couvre les trois quarts de la surface de la terre.

Les bords de la mer prennent le nom de *côtes*. On appelle encore ainsi les rivages mêmes d'un pays baignés par la mer : les *côtes* de France.

Les côtes de la mer sont très-irrégulières : tantôt la mer s'avance dans les terres, tantôt ce sont les terres qui s'avancent dans la mer.

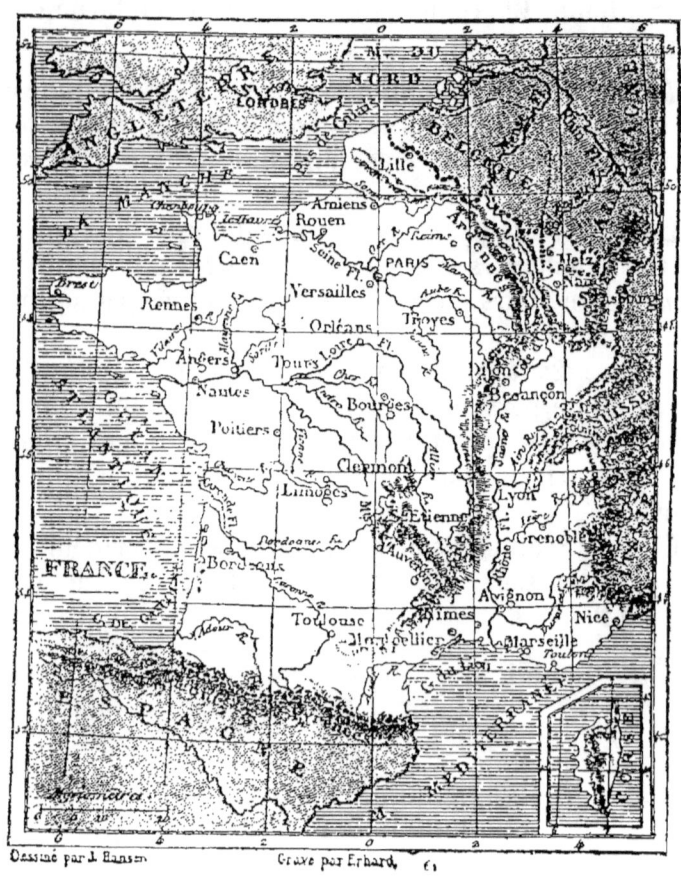

Côtes de France.

Les avancements de mer dans les terres reçoivent, selon leur étendue, le nom de *golfes* : le golfe de la Seine, le golfe de Gascogne; de *baies* : la baie de Cancale, la baie de Saint-Brieuc; de *rades* : la rade de Brest, la rade de Toulon.

Un *port* est un lieu destiné à recevoir les vaisseaux ou

navires et à les abriter contre les vents : le port du Havre, le port de Brest.

L'eau de la mer est amère et salée ; on ne peut la boire. Par opposition à l'eau de la mer, nous appelons *eau douce* l'eau de nos puits, de nos rivières et de la plupart des lacs.

QUATRIÈME LEÇON.

ILES, ÉCUEILS, BRISANTS, RÉCIFS, ARCHIPEL, PRESQU'ILE, ISTHME.

Un îlot ou petite île.

Une *île* est une terre entourée d'eau de tous côtés : l'Angleterre, la Corse sont des îles. Un îlot est une petite île. Il n'y a pas des îles que dans la mer ; il y en a aussi sur les fleuves : ainsi, à Paris, la *Cité*, l'île *Saint-Louis*.

On appelle *écueils*, *brisants*, *récifs* des masses de

rochers, quelquefois à fleur d'eau, quelquefois entièrement cachés, sur lesquels les vaisseaux peuvent se briser.

Rochers, brisants, écueils, récifs.

Un *archipel* est un groupe d'îles : l'archipel Britannique. On donne même le nom d'archipel à une mer toute semée d'îles.

L'opposé d'une île est un *continent*. On appelle *continent* ou *terre ferme* une vaste étendue de terre que l'on peut parcourir sans traverser la mer.

Une *presqu'île* ou *péninsule* est une terre entourée d'eau de tous côtés, excepté par un seul : la presqu'île du Cotentin, la presqu'île de Crimée, la péninsule Ibérique (l'Espagne et le Portugal).

Un *isthme* est une bande ou une langue de terre qui

joint une presqu'île au continent : l'isthme Pyrénéen, l'isthme de Pérékop, l'isthme de Corinthe.

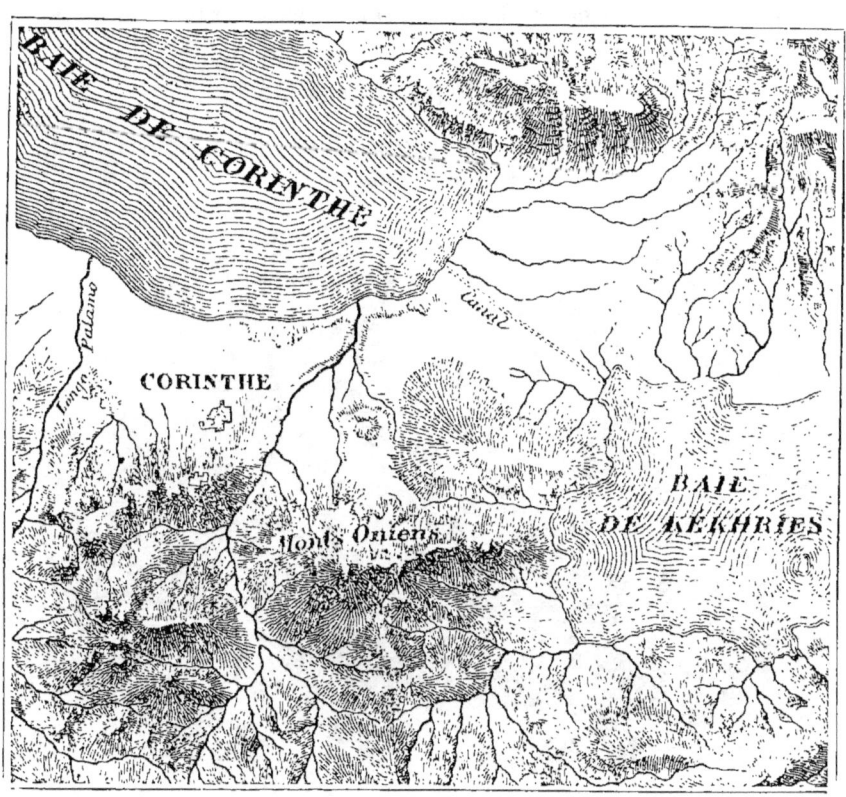

Carte de l'isthme de Corinthe.

24 LEÇONS DE GÉOGRAPHIE.

MOIS DE DÉCEMBRE.

Continuation de la nomenclature géographique. — Lecture des cartes

PREMIÈRE LEÇON.

MERS PARTICULIÈRES, BRAS DE MER, MANCHE, PAS, CANAL, PERTUIS, ETC. ;
DÉTROITS, PHARES.

Jetée et phare.

La mer prend différents noms, selon sa position : la mer de France, la mer du Nord, la mer d'Irlande, la mer Méditerranée, etc. ; quelquefois suivant la couleur de ses eaux : la mer Blanche, la mer Rouge, etc. Ce sont là autant de *mers particulières*.

On appelle *bras de mer* une partie de mer assez étroite, resserrée entre des terres, ou simplement s'avançant dans les terres.

Les bras de mer prennent des noms fort divers, tels que ceux :

De *manche* : la Manche, entre la France et l'Angleterre ;

De *pas* : le Pas de Calais, aussi entre la France et l'Angleterre ;

De *canal* : le canal Saint-George, le canal du Nord, entre l'Angleterre et l'Irlande ;

De *pertuis* : les pertuis Breton, d'Antioche, de Maumusson, autour des îles de Ré et d'Oléron ;

De *phare* : le phare de Messine ;

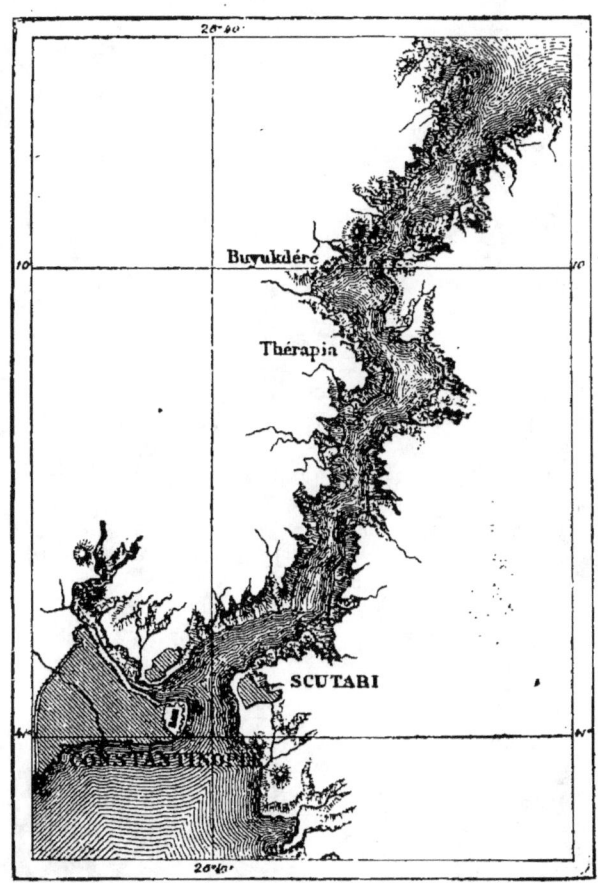

Canal de Constantinople ou Bosphore.

De *bosphore* : le bosphore de Constantinople ou simplement le Bosphore.

Tous ces bras de mer sont, en définitive, des *détroits* ;

car un *détroit* n'est autre chose qu'une partie de mer resserrée entre deux terres et faisant communiquer deux

Phare.

mers ensemble. On pourrait dire le *détroit de Calais*

comme on dit le *détroit de Gibraltar*. On dit même souvent le *détroit de Constantinople*, au lieu de dire le *canal de Constantinople* ou le *Bosphore*; le *détroit de Messine* au lieu de *phare de Messine*. Ce dernier détroit s'appelle phare, à cause d'un phare qui est dans le voisinage.

Un *phare* est une tour surmontée d'un fanal, qu'on élève sur les bords de la mer, sur les *côtes*, pour guider les vaisseaux pendant la nuit.

DEUXIÈME LEÇON.

VOYAGE SUR LES CÔTES DE L'EUROPE, ACCIDENTS GÉOGRAPHIQUES.

Navire à voiles.

On peut voyager par terre et par mer. Pour voyager par mer, on s'embarque dans un *port*, sur un *vaisseau* ou *navire*.

L'Europe est une vaste contrée, entourée en grande partie par la mer : on pourrait en faire presque le tour par mer et en suivant les côtes. Si on s'embarquait à Arkangel, tout à fait au N., on se trouverait tout d'abord dans une *mer particulière* (la mer Blanche). Puis, en tournant vers l'O. et vers le S., on rencontrerait une *presqu'île* (la Suède et la Norwége); un *isthme* (l'isthme de Laponie); une autre *mer particulière* (la Baltique), projetant plusieurs *golfes*; un *archipel* (l'archipel Danois); des *détroits* (le Sund, le Cattégat, le Skager-Rack); une *presqu'île* (le Jutland); encore une *mer particulière* (la mer du Nord); un *pas* (le Pas de Calais). Là, on retrouverait la côte de France, et, sur cette côte, un port, où l'on pourrait *débarquer* : le port de Calais.

Vaisseau à vapeur.

TROISIÈME LEÇON.

VOYAGE SUR LES CÔTES DE L'EUROPE, ACCIDENTS GÉOGRAPHIQUES (suite).

De Calais et du *pas* auquel cette ville donne son nom, on peut se rendre dans la mer du Nord, passer de cette mer dans la mer d'Irlande, dans le *canal* du Nord, dans le *canal* Saint-George, et enfin dans la *Manche*, en remar-

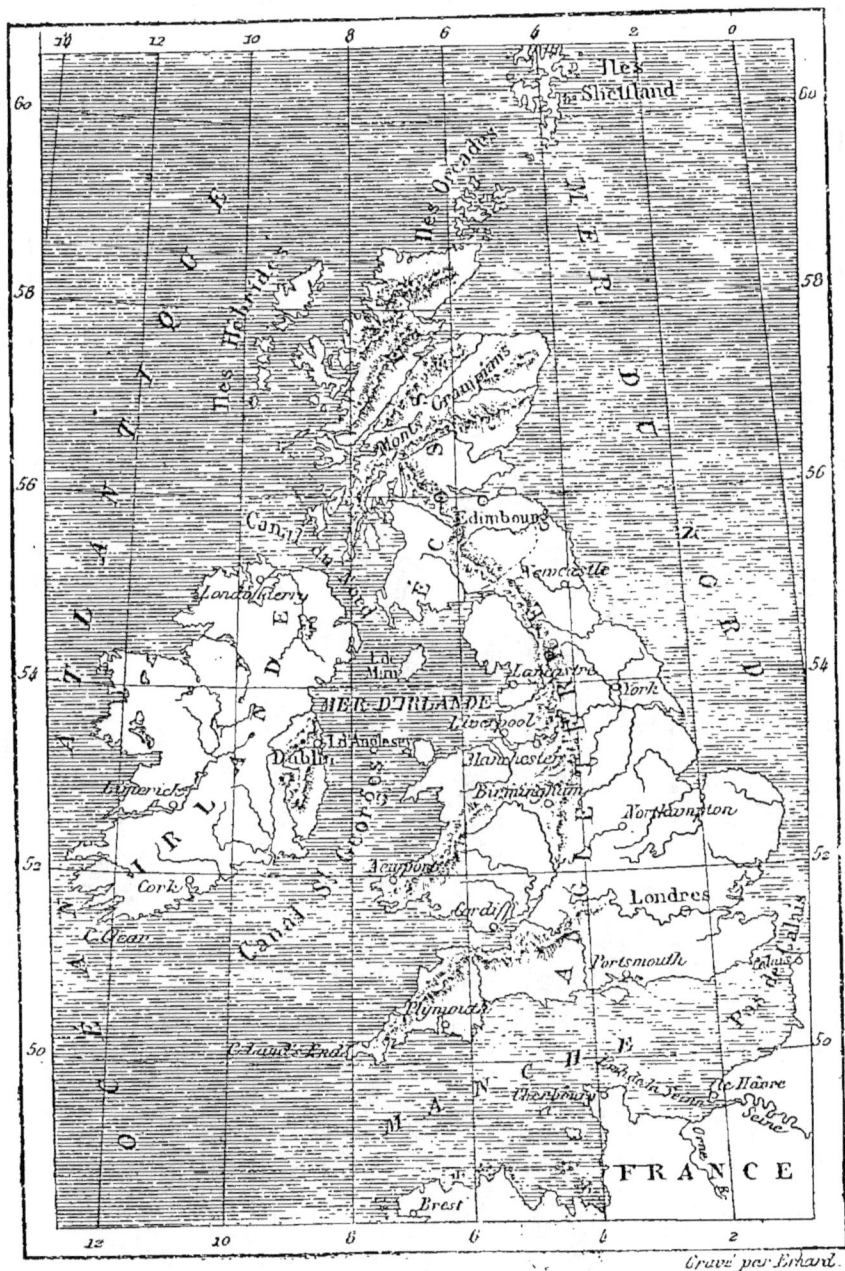

Archipel Britannique.

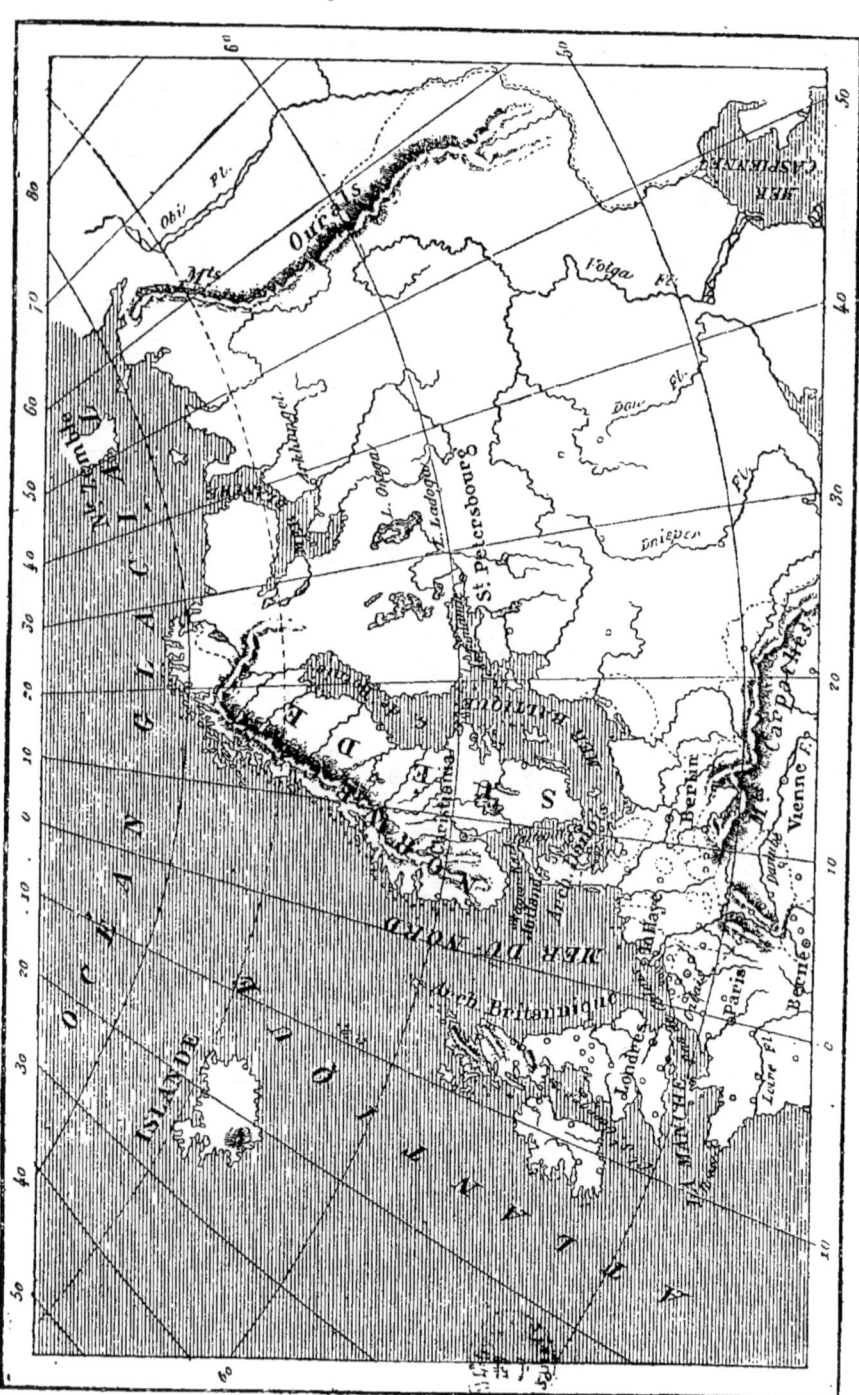

Côtes de l'Europe septentrionale.

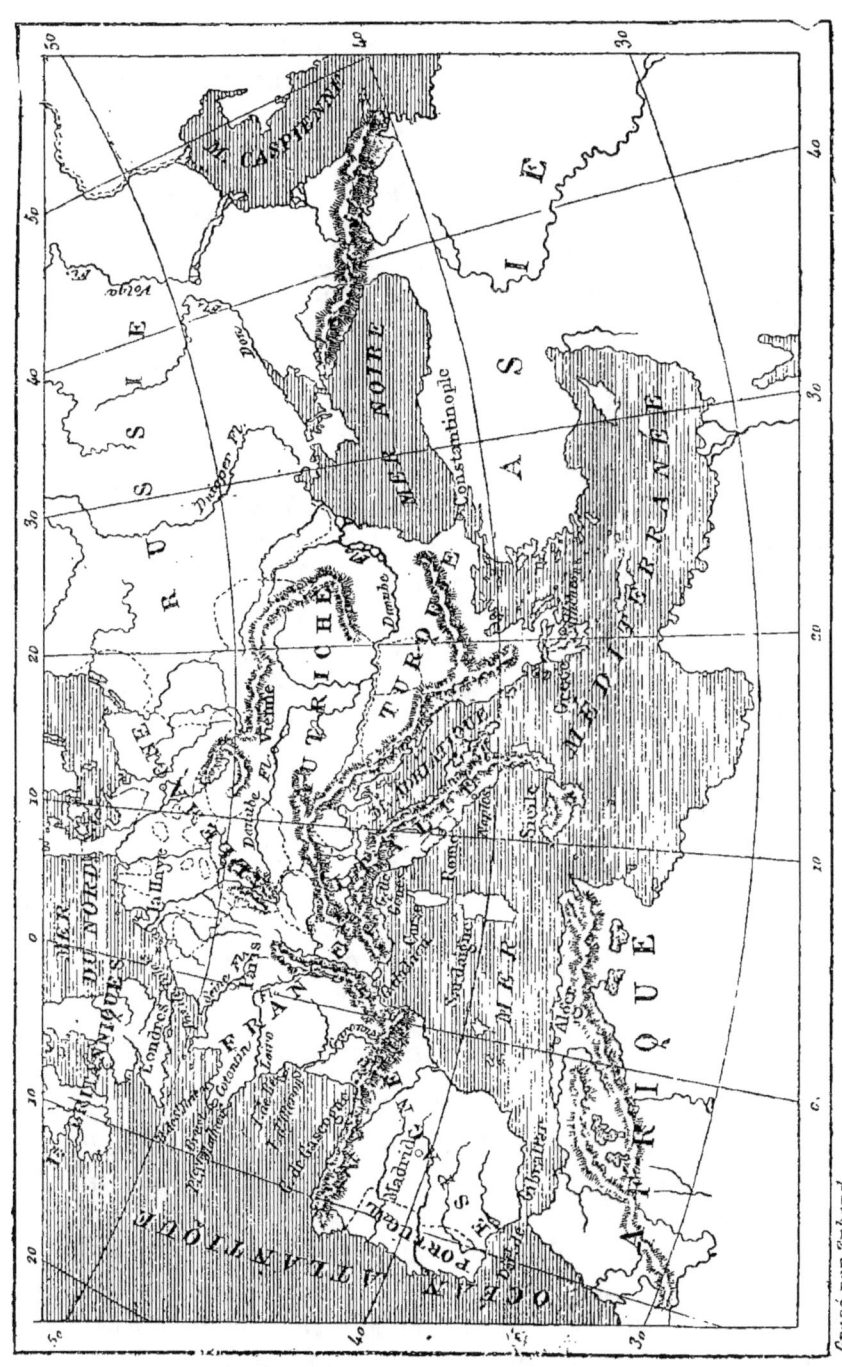

Côtes de l'Europe méridionale.

quant les *îles* de la Grande-Bretagne et de l'Irlande, les deux plus grandes de l'*archipel* Britannique. Sur les côtes de la Manche se présentent des ports de mer (le Havre, Cherbourg, etc.); l'*embouchure* de plusieurs fleuves (de la Seine, de l'Orne, etc.); des *caps* et *pointes* (le cap de la Hève, la pointe Saint-Mathieu, etc.); des *golfes* et des *baies* (le golfe de la Seine, la baie de Saint-Brieuc, etc.); des *rades* (la rade de Brest et son goulet, etc.); des *presqu'îles* (la presqu'île du Cotentin, etc.); des *phares*, des *écueils*, des *récifs*, des *brisants*, des *îlots*, sur les côtes rocheuses de la Bretagne.

On trouve ensuite la *mer de France* avec des *îles* (l'île de Ré, d'Oléron, etc.); des *pertuis* autour de ces îles (pertuis Breton, d'Antioche et de Maumusson); un grand *golfe* (le golfe de Gascogne); l'*océan* Atlantique; le *détroit* de Gibraltar; une grande *mer intérieure* (la Méditerranée); le *détroit* ou *phare* de Messine; des *volcans* et leurs *cratères*, dans le voisinage; une mer semée d'îles et appelée à cause de cela l'*Archipel*; un *détroit* (le détroit des Dardanelles); enfin un *bosphore* (le bosphore, le canal ou le détroit de Constantinople).

QUATRIEME LEÇON.

VOYAGE A TRAVERS L'EUROPE, ACCIDENTS GÉOGRAPHIQUES (suite).

Pour traverser l'Europe de l'E. à l'O., on peut suivre la *vallée* du Danube et son immense *bassin* formé par deux *chaînes* de montagnes presque *parallèles*. Ce grand *fleuve* se jette dans *la mer Noire* par plusieurs *bouches* ou *embouchures*. En *remontant* son cours, on rencontre, tant sur sa *rive droite* que sur sa *rive gauche*, de nombreux *affluents*, plus d'une ville située au *confluent* du *fleuve* et de quelque *rivière*, d'autres villes tantôt en *amont*, tantôt en *aval* de ce confluent.

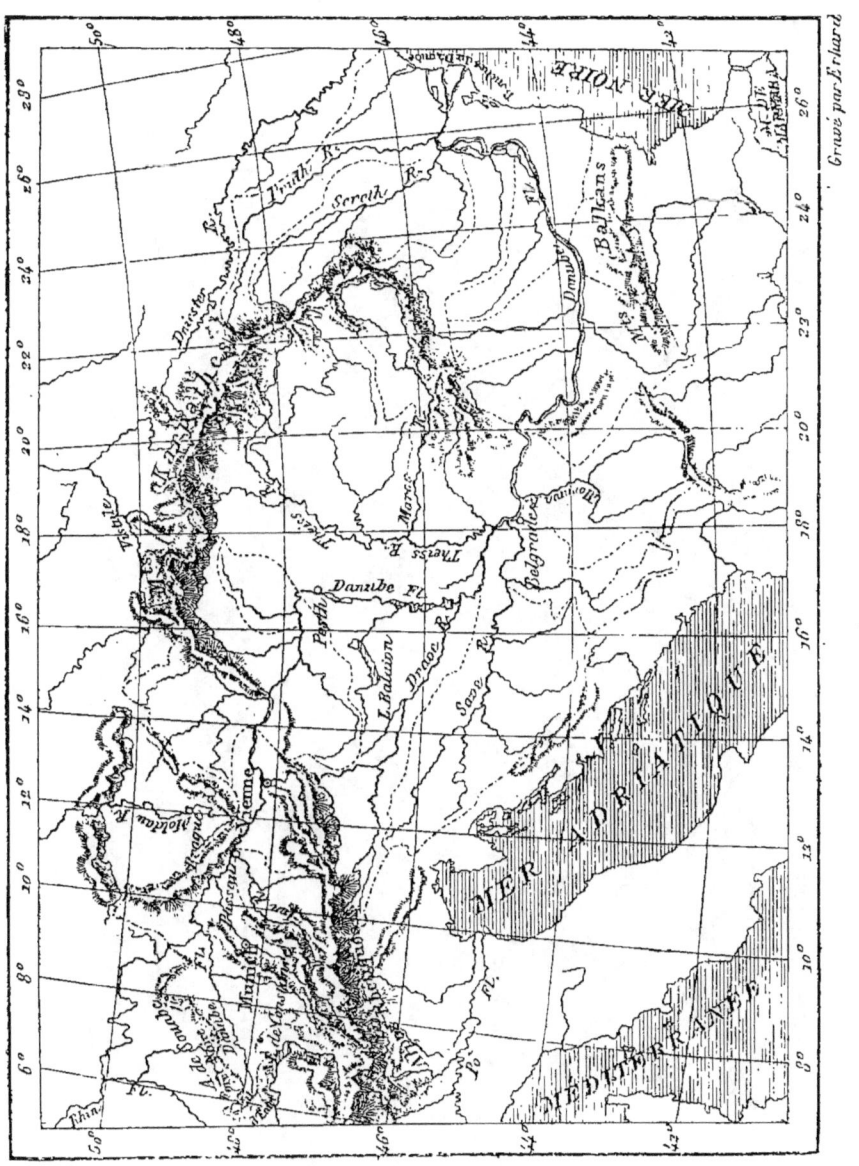

Bassin du Danube.

Le Danube a la partie *supérieure* de son cours entre des

ramifications des Alpes, et sa *source* dans les monts de la Forêt-Noire. Pour sortir de son *bassin* et entrer dans celui du Rhin, il faut traverser des *gorges*, des *cols*, des *défilés* dont le principal èst le val d'Enfer.

Val d'Enfer.

LEÇONS DE GÉOGRAPHIE.   35

MOIS DE JANVIER.

Révision des matières du trimestre précédent.
(Faire repasser les douze leçons des mois d'octobre, novembre
et décembre.)

MOIS DE FÉVRIER.

La terre. — Démonstration familière de la forme de la terre. — La terre et les eaux. — Les cinq parties du monde. — Les grands océans.

PREMIÈRE LEÇON.

FORME DE LA TERRE, AXE ET PÔLES DE LA TERRE.

La terre est cette masse de matière que Dieu a donnée

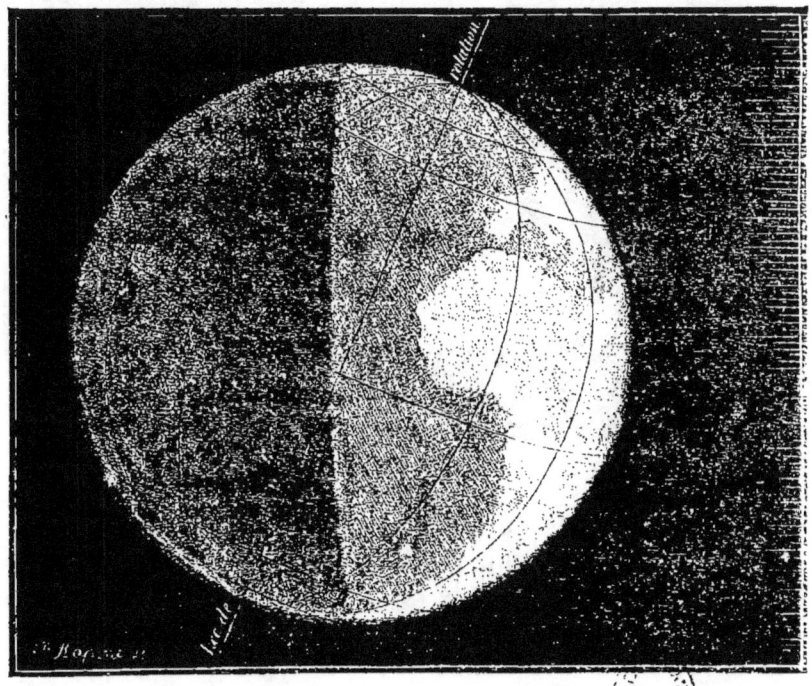

La Terre inclinée sur son axe.

pour habitation aux hommes ainsi qu'aux animaux.

Elle ressemble à une boule, à un *globe* ou à une *sphère;* c'est pour cela qu'au lieu de dire la *terre* on dit souvent le *globe terrestre*, ou tout simplement le *globe*, notre *globe*.

Elle nous paraît *plate;* mais, en réalité, elle est *ronde* comme une boule, comme un *globe*, comme une *sphère*.

Lorsqu'on voyage, on aperçoit, avant tout, le sommet des montagnes et les clochers des villes. Sur un port de mer, on ne distingue d'abord que le haut des mâts des

Port de mer.

vaisseaux qui arrivent; ce n'est que peu à peu qu'apparaissent les voiles, puis le corps du bâtiment. Il en serait autrement si la surface de la terre était plate au lieu d'être arrondie. D'ailleurs on a fait depuis longtemps le tour de la terre, et on le fait encore tous les jours; on a pu ainsi constater qu'elle est ronde.

Nous imaginons que la terre est traversée par un *axe*. Les points d'entrée et de sortie de cet axe sont les *pôles* de la terre. Celui de ces points qui est tourné vers le N. s'appelle le *pôle nord*; le point opposé est le *pôle sud*. La tête et la queue d'une orange donnent une idée exacte de ces deux points. Dans le voisinage des pôles, la terre est légèrement *aplatie*.

DEUXIÈME LEÇON.

CE QU'ON APPELLE UN HÉMISPHÈRE; MOUVEMENT DE LA TERRE SUR ELLE-MÊME OU *rotation* DE LA TERRE; MOUVEMENT DE LA TERRE AUTOUR DU SOLEIL OU MOUVEMENT DE *translation*.

Si l'on partage une *sphère* en deux parties égales, on

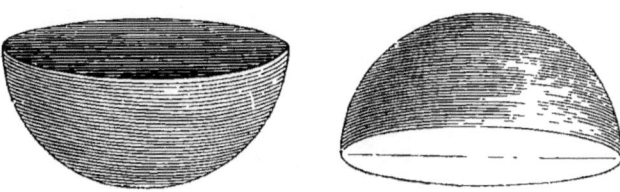

Demi-sphères.

aura deux moitiés de sphère, deux demi-sphères. Mais,

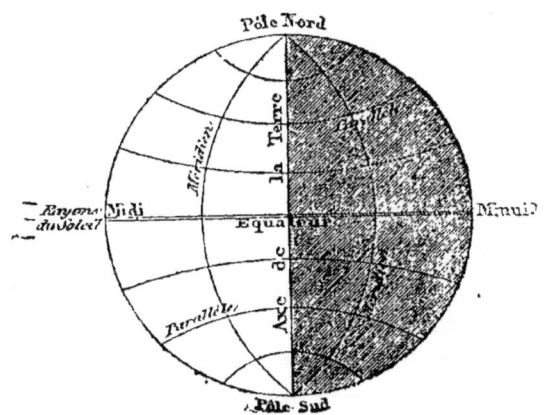

Sphère et hémisphère.

au lieu de dire une moitié de sphère ou une demi-sphère, on dit un *hémisphère*.

38 LEÇONS DE GÉOGRAPHIE.

Le soleil apparaît, le matin, à l'orient; nous disons alors qu'il se *lève;* la traînée lumineuse qui le précède s'appelle l'*aurore.* Le soir, il disparaît à l'occident; nous disons alors qu'il se *couche;* la traînée lumineuse qu'il laisse après lui s'appelle le *crépuscule.*

En réalité, le soleil ne se lève pas, ne parcourt pas le ciel en un jour; c'est la terre qui tourne sur l'axe que nous lui supposons, comme une roue sur son essieu, ou comme un globe sur l'axe véritable qui le supporte. En tournant ainsi d'occident en orient, elle présente successivement au soleil tous les points de sa surface, la moitié à la fois, de sorte

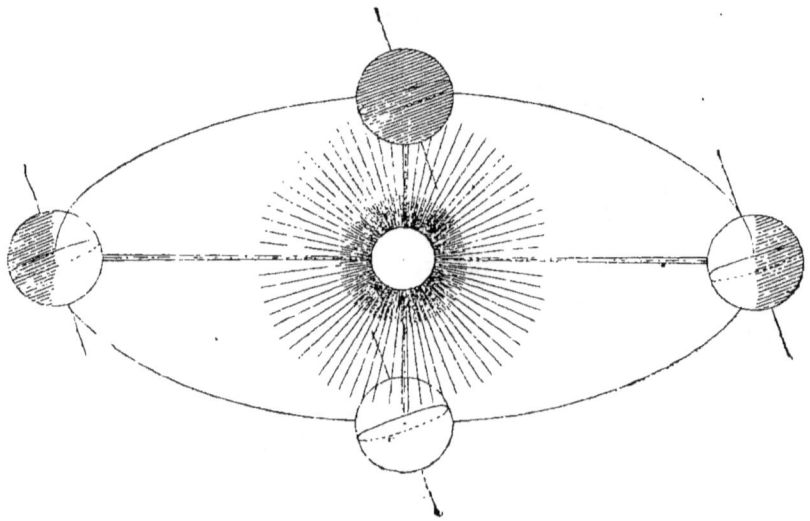

Translation de la Terre autour du Soleil.

qu'elle a sans cesse un de ses hémisphères éclairé et l'autre dans l'obscurité. Pour l'hémisphère éclairé, *il fait jour;* pour l'autre, *il fait nuit.*

Ce mouvement de la terre autour de son axe ou plutôt sur elle-même s'appelle *rotation :* la rotation de la terre. Il s'exécute 365 fois en une année.

En 365 jours environ, c'est-à-dire en une année, la terre exécute, en outre, un mouvement de *translation* autour du soleil.

TROISIÈME LEÇON.

LE MÉRIDIEN ET L'ÉQUATEUR ; LES DEUX HÉMISPHÈRES ; LA MAPPEMONDE ; LA TERRE ET LES EAUX.

Si l'on fait passer une circonférence de cercle par les deux pôles d'une sphère, on aura un *méridien*. On peut

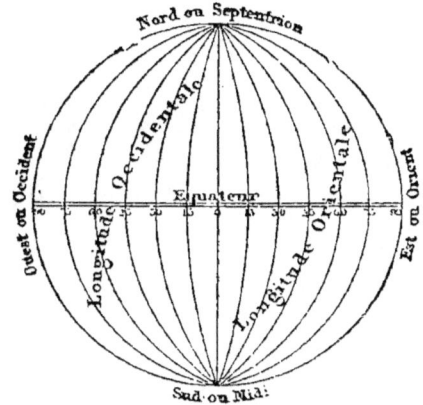

Méridien-longitude.

mener autant de méridiens qu'on veut sur une sphère.

Une circonférence de cercle qui aura tous ses points à

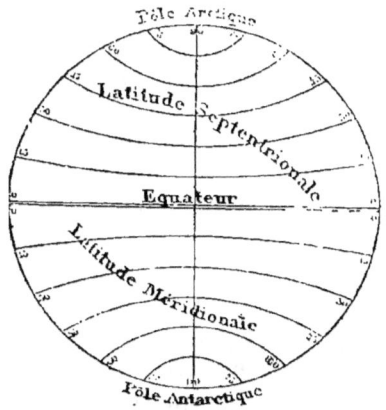

Équateur-latitude.

égale distance des deux pôles d'une sphère s'appellera

équateur. On ne peut mener qu'une seule ligne semblable sur une sphère.

MAPPE

Hémisphère occidental.

La terre étant une sphère, on peut supposer une ligne qui l'enveloppe en passant par ses pôles, par le pôle nord et par le pôle sud ; ce sera un méridien. Il sera midi, quand le soleil passera au-dessus de cette ligne. Elle divisera la terre en deux hémisphères : un hémisphère *oriental* et un hémisphère *occidental*.

On peut supposer une autre ligne enveloppant la terre à

égale distance de ses deux pôles : ce sera l'*équateur*.
L'équateur divise la terre aussi en deux hémisphères :

MONDE

Hémisphère oriental.

l'un, *septentrional* ou *boréal*; l'autre, *méridional* ou *austral*.

Si l'on suppose la terre partagée en deux hémisphères, l'un oriental et l'autre occidental, et qu'on dessine leur surface sur un tableau noir ou sur une feuille de papier, on a une *mappemonde*, une carte qui représente la surface de la terre tout entière : la partie qui est cachée par les eaux, et qu'on appelle *la mer* ou *les mers*, et la partie qui est à découvert, sur laquelle on peut marcher, bâtir, labourer, etc., et qu'on appelle *les terres, la terre ferme* ou *habitable*.

QUATRIÈME LEÇON.

LES CINQ PARTIES DU MONDE; LES TROIS CONTINENTS; LES CINQ GRANDS OCÉANS.

On a divisé la terre habitable en cinq parties : l'*Europe*, l'*Asie*, l'*Afrique*, l'*Amérique* et l'*Océanie*. L'Europe, l'Asie et l'Afrique forment un seul continent : l'*Ancien-Continent* ou l'*Ancien-Monde*. L'Amérique est appelée le *Nouveau-Continent* ou le *Nouveau-Monde*. La plus grande des îles de l'Océanie, l'Australie, est considérée comme un troisième continent; c'est le *Continent-Australien*. L'Océanie prend aussi le nom de *Monde Maritime*.

Pour désigner les habitants de l'Europe, de l'Asie, de l'Afrique, de l'Amérique, de l'Océanie, on emploie les mots : *Européens, Asiatiques, Africains, Américains* et *Océaniens*.

Sur la *mappemonde*, les géographes placent ordinairement l'Europe, l'Asie et l'Afrique dans l'*hémisphère oriental*, et l'Amérique dans l'*hémisphère occidental;* ils partagent l'Océanie entre l'un et l'autre hémisphère.

Les trois continents sont baignés ou séparés par cinq grands océans : l'océan *Atlantique*, entre l'Europe et l'Afrique d'une part, et l'Amérique d'autre part; le *Grand Pacifique*, entre l'Amérique et l'Asie; l'océan *Indien*, au S. de l'Asie et à l'E. de l'Afrique; enfin, les deux océans *Glacials*, dans le voisinage de chaque pôle (l'océan glacial *Arctique*, autour du pôle nord, et l'océan glacial *Antarctique*, autour du pôle sud).

LEÇONS DE GÉOGRAPHIE.

MOIS DE MARS.

Les plus grandes chaînes de montagnes et les plus grands fleuves de la terre. — Les grandes races humaines.

PREMIÈRE LEÇON.

LES PLUS GRANDES CHAÎNES DE MONTAGNES DE L'EUROPE, DE L'ASIE, DE L'AFRIQUE, DE L'AMÉRIQUE ET DE L'OCÉANIE.

Gaurisankar (chaîne de l'Himalaya)

La principale chaîne de montagnes de l'Europe est la chaîne ou plutôt le massif des *Alpes,* dont le point culminant est le mont Blanc. On peut noter, en outre, les *Pyrénées*, les *Balkans*, les monts *Ourals* qui appartiennent à l'Europe par leurs pentes occidentales.

Remarquons en Asie : la chaîne du *Caucase;* celle de l'*Himalaya*, qui contient les plus hautes montagnes du globe; le mont *Ararat,* les monts *Libans*, le mont *Nébo*, la montagne d'*Horeb* et le mont *Sinaï*, dont il est question dans l'Histoire sainte.

L'Afrique est comme encadrée de chaînes de montagnes: la plus importante à connaître est celle de l'*Atlas*, vers le N.

L'Amérique est traversée du N. au S. par une longue chaîne qui prend le nom de *montagnes Rocheuses*, vers le N. ; de *Cordillère de l'Amérique centrale*, au centre ; de *Cordillère des Andes*, vers le S. Cette chaîne renferme beaucoup de volcans.

On trouve dans l'Australie (Océanie) les **montagnes Bleues** ou *Alpes australiennes.*

DEUXIÈME LEÇON.

LES GRANDS FLEUVES DE L'EUROPE.

Chute du Rhin à Schaffouse.

Parmi les grands fleuves de l'Europe, on compte le *Rhin*, le *Rhône*, le *Danube*, le *Volga*, etc.

Le Rhin, le Rhône et le Danube ont leur origine dans le massif des Alpes.

Le Rhin prend sa source au Saint-Gothard, en Suisse, traverse le lac de Constance, puis l'Allemagne, et se jette dans la mer du Nord. Il appartient au versant de l'Atlantique.

Le Rhône prend sa source aussi en Suisse, au mont Furca ou de la Fourche, traverse le lac de Genève, entre en France et se jette dans la Méditerranée par plusieurs *bouches* ou embouchures et en formant un *delta*.

Le Danube prend sa source dans les monts de la Forêt-Noire, traverse l'Europe de l'E. à l'O., et va se jeter par plusieurs embouchures dans la mer Noire.

Le Volga descend du plateau de Waldaï. Né en Russie,

il ne cesse de couler dans cette vaste contrée et vient se jeter par 70 embouchures dans la mer Caspienne.

On distinge encore, en Europe, la Vistule, l'Elbe, etc.

TROISIÈME LEÇON.

LES GRANDS FLEUVES DE L'ASIE, DE L'AFRIQUE ET DE L'AMÉRIQUE.

Bords du Nil.

Distinguons, en Asie, l'*Euphrate* et le *Tigre*, dont il est question dans l'histoire sainte; l'*Indus* ou *Sind*, qui donne son nom à l'Inde ; le *Gange*, le fleuve sacré du pays; le *Cambodge*, vers l'embouchure duquel la France a une colonie ;

En Afrique, le *Nil*, dont les inondations fertilisent l'Égypte; le *Sénégal*, à l'embouchure duquel se trouve la ville française de Saint-Louis du Sénégal ;

En Amérique, dans l'Amérique du Nord, le *Saint-Laurent*, et le *Mississipi* grossi du *Missouri;* la France a possédé jadis des établissements sur les bords du Saint-Laurent (le Canada) et du Mississipi (la Louisiane);

Dans l'Amérique du Sud, l'*Orénoque*, l'*Amazone*, le plus grand fleuve du monde ; enfin, le *Rio de la Plata*, formé de la réunion du *Parana* et de l'*Uruguay*.

Tous ces fleuves appartiennent au versant de l'océan Atlantique.

Cataracte du Niagara.

QUATRIÈME LEÇON.

LES GRANDES RACES HUMAINES.

Tous les hommes qui habitent la terre, encore bien qu'ils descendent d'Adam et d'Ève, et des trois fils de Noé, Sem, Cham et Japhet, sont loin de se ressembler parfaitement.

Sous l'influence des climats, la conformation de leurs

Race blanche.

traits, la couleur de leur peau surtout se sont singulièrement modifiées.

Les uns ont la peau blanche, les cheveux lisses et

fins, le front haut, le visage droit. Ils forment la *race blanche*.

Les autres ont la peau jaune et même olivâtre, les cheveux noirs, rares et raides, les lèvres grosses, les yeux

Race jaune.

obliques et dirigés vers le nez. Ils forment la *race jaune*.

D'autres, enfin, ont la peau d'un noir plus ou moins foncé, les cheveux crépus, la bouche saillante, le front bas et fuyant, le visage susceptible d'être encadré par un angle plus ou moins aigu. Ils forment la *race nègre*.

Il y a donc trois races, la *race blanche*, la *race jaune* et la *race noire* ou *nègre*.

On trouve la race blanche en Europe, dans l'O. de l'Asie et dans le N. de l'Afrique; la race jaune, dans l'E. de

LEÇONS DE GÉOGRAPHIE.

l'Asie et dans le N. de l'Océanie ; la race nègre, sur les côtes et dans l'intérieur de l'Afrique, dans les îles de l'Océanie et jusqu'en Amérique, où des nègres ont été transportés d'Afrique comme esclaves.

Les descendants de Japhet paraissent avoir peuplé l'Eu-

Race noire.

rope, les descendants de Sem l'Asie, et les descendants de Cham l'Afrique.

MOIS D'AVRIL.

Révision des matières du trimestre précédent (faire repasser les huit leçons des mois de février et de mars).

MOIS DE MAI.

La France. — Bornes. — Principales chaînes de montagnes. — Les grands fleuves. — Les côtes de France.

PREMIÈRE LEÇON.

BORNES ET LIMITES ; LIMITES NATURELLES ET DE CONVENTION.

On appelle *bornes* d'un pays les autres pays ou les mers qui l'entourent au N., au S., à l'E. et à l'O., et *limites* des lignes de convention qui marquent sa séparation d'avec les pays voisins. Ces pays voisins et *contigus* sont dits pays *limitrophes*.

Il y a des limites qui n'ont pas besoin, en quelque sorte, d'être tracées, des limites *naturelles*, telles qu'une chaîne de montagnes, un fleuve, une mer. Il y en a d'autres que les diverses nations établissent entre elles, d'un commun accord. Ce sont celles-là surtout qui méritent le nom de limites de *convention*.

La France a des limites naturelles à peu près de tous côtés, excepté vers le N. Elle a, au S., les Pyrénées et la Méditerranée ; à l'E., les Alpes, le Jura et les Vosges ; à l'O., l'océan Atlantique.

Par rapport aux pays et aux mers qui l'entourent, on peut dire qu'elle est bornée :

Au N., par la Belgique, le grand-duché de Luxembourg et l'Allemagne ;

A l'E., par l'Allemagne encore, puis par la Suisse et l'Italie ;

Au S., par la Méditerranée et l'Espagne ;

A l'O., par l'océan Atlantique (mer du Nord, Pas-de-Calais, Manche, mer de France ou golfe de Gascogne).

DEUXIÈME LEÇON.

PRINCIPALES CHAINES DE MONTAGNES DE LA FRANCE.

Parmi les principales chaînes de montagnes de la France, les unes ne lui appartiennent que par un de leurs versants, et forment une sorte de ceinture extérieure. Ce sont :

Les Pyrénées, au S., entre la France et l'Espagne ;
Les Alpes, au S. E., entre la France et l'Italie ;
Le Jura, à l'E., entre la France et la Suisse ;
Les Vosges, vers le N. E., entre la France et l'Allemagne.

Les autres sont tout entières en France. Ce sont :
Les Cévennes, les Ardennes occidentales et les monts d'Auvergne.

Les Cévennes et leurs prolongements forment la *ligne de faîte*, la *ligne de partage des eaux* de la France, en même temps qu'une sorte de ceinture intérieure commençant aux Pyrénées et s'étendant jusqu'à la Belgique par les Ardennes.

Outre ces chaînes de montagnes, on trouve en France quelques plateaux : le *plateau central*, comprenant les pentes élevées des monts d'Auvergne jusqu'à la vallée de la Loire ; le *plateau de la Beauce*, qui sépare le bassin de la Loire de celui de la Seine ; le *plateau de Langres*, entre les monts de la Côte-d'Or et les monts Faucilles.

TROISIÈME LEÇON

LES GRANDS FLEUVES ET LES GRANDS BASSINS DE LA FRANCE.

Notre ligne de partage des eaux divise la France en deux

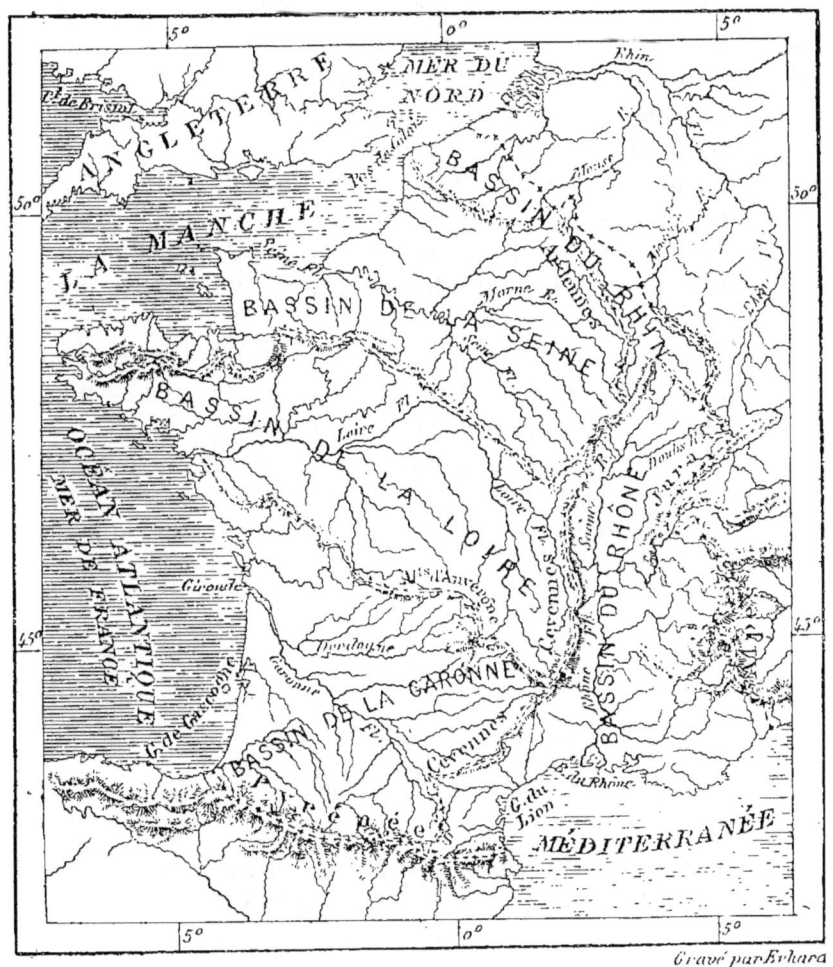

France par Bassins.

grands *versants* : le versant de l'océan *Atlantique*, vers l'O., et le versant de la *Méditerranée*, vers le S. E.

De cette ligne se détachent, au moins à l'O. et au N.-O, des ramifications qui vont en s'abaissant vers l'Océan, et qui forment la ceinture de chacun des grands bassins de nos fleuves, des bassins *de la Seine, de la Loire, de la Garonne;* le *bassin du Rhône* a pour ceinture ou pour contours la ligne de partage des eaux elle-mêmes.

La France compte, comme on le voit, quatre grands fleuves : la *Seine,* la *Loire* et la *Garonne* sur le versant de l'océan Atlantique, et le *Rhône* sur le versant de la Méditerranée. Elle possède en outre le cours supérieur de la *Meuse* et de la *Moselle.*

La Seine prend sa source dans la Côte-d'Or et va se jeter dans la Manche, près du Havre.

La Loire descend du mont Gerbier-des-Joncs, dans les Cévennes, et gagne la mer de France, où elle se jette près de Saint-Nazaire.

La Garonne sort des Pyrénées, au Val d'Arran, en Espagne, et vient former, avec la Dordogne, le bras de mer appelé la Gironde, sur le golfe de Gascogne.

Le Rhône naît au mont Furca, en Suisse et dans la chaîne des Alpes, traverse le lac de Genève, entre en France, se détourne brusquement à Lyon et court se jeter dans la Méditerranée par plusieurs bouches ou embouchures.

QUATRIÈME LEÇON.

PRINCIPAUX AFFLUENTS DE NOS GRANDS FLEUVES ; CÔTES DE L'ATLANTIQUE ET DE LA MÉDITERRANÉE ; POPULATION DE LA FRANCE.

Les principaux affluents de la Seine sont, sur sa rive droite : l'*Aube,* la *Marne* et l'*Oise;* sur sa rive gauche : l'*Yonne* et l'*Eure.*

Les principaux affluents de la Loire sont : la *Nièvre* et

la *Maine*, sur sa rive droite ; l'*Allier*, le *Loiret*, le *Cher*, l'*Indre* et la *Vienne*, sur sa rive gauche.

La Garonne reçoit, sur sa rive droite : l'*Ariége*, le *Tarn* et le *Lot*; sur sa rive gauche : le *Gers*.

Le Rhône est grossi, à droite, par l'*Ain* et la *Saône* ; à gauche, par l'*Isère*, la *Drôme* et la *Durance*.

L'Atlantique baigne la France l'espace de 1025 kilomètres. On trouve sur ses côtes un assez grand nombre d'îles : par exemple, celles de *Ré* et d'*Oléron* ; deux presqu'îles : les presqu'îles du *Cotentin* et de *Bretagne* ; les golfes de la *Seine* et de *Gascogne* ; le détroit du *Pas-de-Calais* ; les caps ou pointes de la *Hève* et de *Saint-Mathieu* ; les ports du *Havre*, de *Saint-Nazaire* et de *Bordeaux*.

Notre côte méditerranéenne est longue de 700 kilomètres. On y trouve le cap *Cerbéra*, le golfe du *Lion*, et, un peu au loin, dans la Méditerranée, la grande île de la *Corse*.

La population de la France est d'environ 36 millions et demi d'habitants. Notre capitale est *Paris*, sur la Seine.

MOIS DE JUIN.

Le département de la Seine. — Les chaînes de collines, les cours d'eau. — Le chef-lieu, capitale de la France; les chef-lieux d'arrondissement.

PREMIÈRE LEÇON.

DIVISIONS ADMINISTRATIVES DE LA FRANCE. — PROVINCES, DÉPARTEMENTS CANTONS, COMMUNES.

Pour qu'il y ait de l'ordre dans une école, il faut un *règlement* et des maîtres qui veillent à son accomplissement.

De même, pour qu'il y ait de l'ordre dans une nation, il faut des *lois*, et un *gouvernement* qui les fasse observer.

Pour assurer l'exécution des lois et des règlements administratifs, on avait partagé la France en 32 *provinces*. Plus tard, on l'a divisée en *départements*, qui sont aujourd'hui au nombre de 86.

Chaque département est administré par un *préfet;* la ville où réside le préfet s'appelle le *chef-lieu* du département, ou tout simplement la *préfecture*.

Un département comprend plusieurs *arrondissements*. A la tête de chaque arrondissement il y a un *sous-préfet;* la ville où réside le sous-préfet est le *chef-lieu* de l'arrondissement, ou bien la *sous-préfecture*.

Un arrondissement se divise en *cantons*, qui ont aussi leur *chef-lieu*. Un canton se divise en plusieurs *communes*.

Une commune est une agglomération d'habitants ayant son territoire déterminé. La commune est administrée par un *maire* assisté d'un *conseil municipal*.

LEÇONS DE GÉOGRAPHIE.

DEUXIÈME LEÇON.

PARIS, SON ORIGINE, SON DÉVELOPPEMENT ; SES MONUMENTS, PLACES, JARDINS, ETC.; SES DIVISIONS, SA POPULATION.

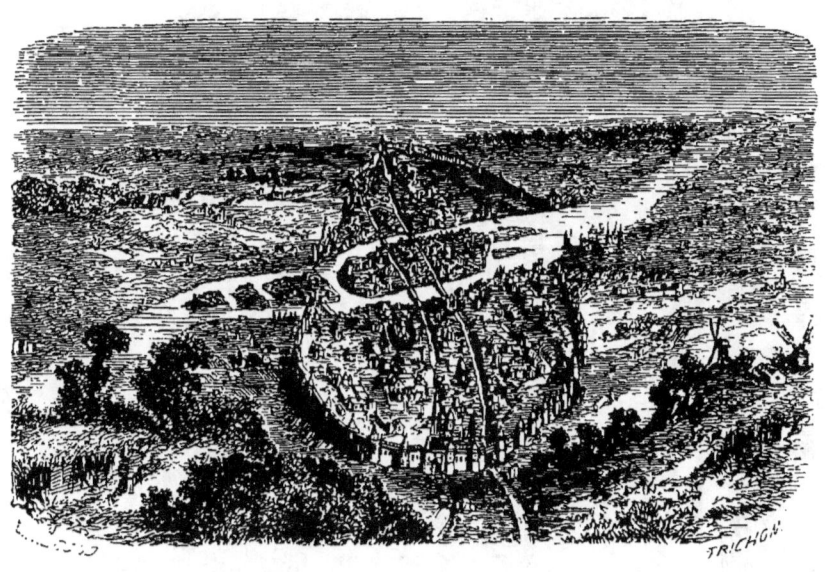

Paris sous Philippe-Auguste.

Le département de la Seine doit son nom à la Seine qui le traverse.

Il a pour chef-lieu *Paris*, qui est en même temps la *capitale* de la France.

Au centre de Paris, entre deux bras de la Seine, se trouve la *Cité*.

Paris était autrefois renfermé tout entier dans cette île. Peu à peu, il s'est étendu sur les deux rives de la Seine : sur la rive droite, jusqu'aux buttes *Chaumont* et jusqu'à la butte *Montmartre*; sur la rive gauche, bien au delà de la montagne *Sainte-Geneviève*. Il est aujourd'hui entouré d'une enceinte qu'on appelle les *fortifications*.

On y trouve des églises remarquables, dont *Notre-Dame*

58 LEÇONS DE GÉOGRAPHIE.

dans la Cité même, et le *Panthéon*, sur la montagne

Notre-Dame.

Sainte-Geneviève; des monuments et des palais : le *Louvre*, les *Tuileries*, l'*Hôtel-de-Ville*, le *Luxembourg*, l'*Hôtel des*

Invalides, etc.; des boulevards ou grandes rues plantées d'arbres : le boulevard de *Sébastopol*, les anciens boulevards (boulevards *Saint-Denis, Saint-Martin, Montmartre,* des

Le Panthéon.

Italiens, etc.); des places bien connues : *Champ-de-Mars*, place de la *Concorde*, place *Vendôme,* place de la *Bastille,* etc.; des promenades et jardins : les *Champs-Élysées,* les jardins du *Luxembourg,* des *Tuileries,* du *Palais-Royal,* le *Jardin des Plantes,* etc.

Paris se divise en 20 *arrondissements* ou mairies, et en 80 *quartiers*. Sa population dépasse 1 800 000 habitants.

TROISIÈME LEÇON.

ARRONDISSEMENTS DE BANLIEUE : SAINT-DENIS ET SCEAUX.

Le département de la Seine, outre Paris, contient deux arrondissements *ruraux* ou de *banlieue :* ce sont les arrondissements de *Sceaux* et de *Saint-Denis.*

L'arrondissement de Saint-Denis a pour chef-lieu la ville même de *Saint-Denis.* Il compte 30 communes et se divise en 4 cantons dont les chefs-lieux sont : *Pantin, Saint-Denis, Courbevoie* et *Neuilly.* Il s'étend dans la *plaine Saint-Denis*, dans la *presqu'île de Gennevilliers* et dans la *plaine de Nanterre.* Ses localités les plus remarquables sont, outre ses chefs-lieux de canton : *Saint-Ouen, Clichy-la-Garenne, Boulogne, Suresnes, Nanterre*, etc. Son territoire est couvert de fabriques et d'usines; on y trouve un grand nombre de carrières de plâtre.

L'arrondissement de Sceaux a pour chef-lieu la ville dont il porte le nom. Il compte également 4 cantons qui comprennent 40 communes et dont les chefs-lieux sont : *Vincennes, Charenton, Sceaux* et *Villejuif.* Son territoire est accidenté et cultivé ; il a aussi des centres industriels, tels que *Ivry, Gentilly*, etc. On y trouve de nombreuses carrières de pierre à bâtir.

L'arrondissement de Saint-Denis occupe à peu près la partie nord du département de la Seine, et l'arrondissement de Sceaux à peu près la partie sud.

La population de l'arrondissement de Saint-Denis est de 206 906 habitants; celle de l'arrondissement de Sceaux de 161 762; celle de Paris de 1 851 792. La population totale du département de la Seine s'élève donc au chiffre de 2 220 460 habitants, soit environ le seizième de la population de la France entière.

LEÇONS DE GÉOGRAPHIE. 61

QUATRIÈME LEÇON.

CHAINES DE COLLINES ET COURS D'EAU DU DÉPARTEMENT DE LA SEINE.

Suresnes et le Mont Valérien.

On trouve, sur la rive droite de la Seine et dans Paris même, une chaîne de collines comprenant : les hauteurs de *Charonne* et du *Père-Lachaise*, de *Ménilmontant* et de *Belleville*, les buttes *Chaumont* et *Montmartre*. On doit remarquer, sur la rive gauche : dans Paris, la montagne *Sainte-Geneviève*; dans l'arrondissement de Sceaux, de nombreuses collines dont celles des *Hautes-Bruyères* et

Bassin de la Villette.

de *Châtillon;* dans l'arrondissement de Saint-Denis, le mont *Valérien,* la butte *Pinson* et le plateau de *Romainville.*

Les cours d'eau qui arrosent le département de la Seine sont : la *Seine,* qui le traverse de l'E. à l'O. ; la *Marne,* qui y décrit, vers l'E., des sinuosités dont la *boucle de Marne,* et qui se jette dans la Seine au-dessus de Charenton ; la *Bièvre,* qui traverse l'arrondissement de Sceaux et une partie de Paris, avant de se perdre dans un égout, près du Jardin des Plantes.

A la *Villette* se trouve un grand bassin, un véritable *port,* auquel aboutit le canal de l'*Ourcq,* et où convergent le canal *Saint-Denis* et le canal *Saint-Martin,* destinés à abréger la navigation de la Seine. On trouve, en outre, dans la partie orientale du département, le canal *Saint-Maur* et le *canal latéral à la Marne.*

MOIS DE JUILLET ET D'AOUT.

Révision générale. — Faire repasser les vingt-huit leçons précédentes, suivant les matières traitées par le maître dans les six entretiens de révision qui terminent le cours.

EXTRAIT DU CATALOGUE DE LA LIBRAIRIE HACHETTE ET Cⁱᵉ

OUVRAGES ADOPTÉS POUR LES ÉCOLES COMMUNALES
DE LA VILLE DE PARIS.

BARRAU : **Choix gradué de 50 sortes d'écritures**, pour exercer à la lecture des manuscrits. Édition refondue par M. Barrau. 1 vol. grand in-8, cart. 1 fr. 30

BRACHET et DUSSOUCHET : **Petite grammaire française**, fondée sur l'histoire de la langue. 1 vol. in-12 cart. 80 c.

CARRAUD (Mᵐᵉ) : **Contes et historiettes.** 1 vol. in-12, cart. 1 fr. 10

CORTAMBERT : **Petit atlas élémentaire de géographie moderne**, composé de 22 cartes tirées en couleur. 1 vol. in-4, br. 1 fr. 15

— **Notions de géographie générale** (cours élémentaire). 1 volume in-18, cart. 50 c.

— **Notions sommaires sur les cinq parties du monde et sur l'Europe en particulier** (cours moyen). 1 volume in-12, cartonné. 1 fr. 25

DUCOUDRAY : **Premières leçons d'histoire de France** (premier degré). 1 vol. in-18, avec vignettes, cart. 60 c.

— **Nouvelles leçons d'histoire de France** (deuxième degré). 1 vol. in-18, cart. 1 fr.

DELAPALME : **Premier livre de l'enfance.** 1 volume grand in-18, imprimé en gros caractères, avec gravures, cart. 60 c.

HENRY (Gervais) : **Cartographie de l'enseignement**, comprenant 5 cartes pour les bassins physiques et 5 cartes pour les bassins politiques. En noir, 6 cent. ; coloriés, 10 cent.

— **Livret de lecture.** 1 vol. in-12, cart. 50 c.

LEBRUN (Th.) : **Livre de lecture courante**, en quatre parties. 4 vol. in-18, cart. Chaque volume se vend séparément. 1 fr. 10

MEISSAS et MICHELOT : **Mappemonde écrite.** 20 feuilles. 12 fr.

— **Palestine écrite**, avec un plan de Jérusalem. 6 feuilles. 6 fr.

PELLISSIER : **La Gymnastique de l'esprit.** 1ʳᵉ partie, 60 cent. ; 2ᵉ partie, 80 cent. ; 3ᵉ partie, 60 cent.

RÉGIMBEAU : **Syllabaire.** 1 vol. in-12, cart. 60 c.

— **Grand tableau mural méthodique de lecture**, en feuilles. 5 fr.

TAGNARD et DAUPHIN : **Arithmétique.** 1 vol. in-12, cart. 1 fr. 25

TARNIER, **Nouvelle arithmétique.** 1 vol. in-12, cart. 2 fr.

— **Applications de l'arithmétique.** 1 vol. in-12, cart. 2 fr.

— **Solutions raisonnées.** 1 vol. in-12, cart. 3 fr.

— **Petite arithmétique des écoles primaires.** In-18, cart. 75 c.

— **Carte murale du système métrique.** 6 feuilles. 10 fr.

WALLON, membre de l'Institut : **Abrégé de l'histoire sainte** (Ancien et Nouveau Testament). 1 vol. in-18, cart. 75 c.

— **Petite histoire sainte**, extraite de la précédente, avec questionnaires. 1 vol. in-18, cart. 50 c.

— **Épîtres et Évangiles.** 1 vol. in-18, cart. 75 c.

PARIS. — IMPRIMERIE DE E. MARTINET, RUE MIGNON, 2